DAN

Dieses Buch gehört:

Matthias von Bornstädt

Wickie – clevere Geschichten zum Lesenlernen

3 Geschichten in einem Band plus Quiz für helle Köpfe

Wickie und die starken Männer
Lesen lernen
2. Klasse
ab 7 Jahren

Klett Lerntraining

Bibliografische Information der Deutschen Nationalbibliothek
Die Deutsche Nationalbibliothek verzeichnet diese Publikation in der Deutschen Nationalbibliografie; detaillierte bibliografische Daten sind im Internet über http://dnb.d-nb.de abrufbar.

Dieses Werk folgt der neuesten Rechtschreibung und Zeichensetzung.

Auflage 3 2 1 | 2015 2014 2013
Die letzten Zahlen bezeichnen jeweils die Auflage und das Jahr des letzten Druckes.

www.klett.de/lernhilfen, www.lesedrachen-club.de
Teamleiterin Lernhilfen Grundschule: Susanne Schulz
Redaktion: Jette Maasch, Sandra Meyer
Umschlaggestaltung und Layout: Sabine Kaufmann, Stuttgart
Illustrationen: Agentur Christian Ortega, Barcelona
Satz: GreenTomato GmbH, Stuttgart
Druck: Mediahaus Biering GmbH, München
Printed in Germany
ISBN 978-3-12-949216-1

Übersicht der Geschichten

Das große Hicksen

von Matthias von Bornstädt

Die roten Riesenbohnen

Halvar und seine Männer
fahren nach einem Beutezug
zurück nach Flake.
Unterwegs machen sie Halt
auf einer exotischen kleinen Insel.
Die Bewohner der Insel bewirten sie
mit einem deftigen Eintopf.

„Hmmm ... köstlich!
Was ist denn da Leckeres drin?“,
fragt Halvar schmatzend.
Der Koch klärt ihn auf:
„Wir nennen es Bohnen-Schmaus.
Die wichtigste Zutat
sind rote Riesenbohnen!
Die wachsen nur auf unserer Insel.“
Halvar findet:
„Diesen Bohnen-Schmaus
müssten unsere Frauen daheim
auch einmal für uns kochen!“

Die Wikinger tauschen also
ein paar Beutestücke
gegen zwei Kisten Riesenbohnen.
Der Insel-Koch gibt ihnen
noch eine Warnung mit auf den Weg:
„Bevor ihr die Bohnen esst,
müsst ihr sie unbedingt kochen!
Ihr dürft sie nie roh verspeisen!“
Die Wikinger versichern,
sich daran zu halten.
Dann bedanken sie sich für alles
und setzen ihre Reise fort.

Wenig später sind die Männer
wieder auf hoher See.
Immer wieder laufen sie
um die Bohnenkisten herum.
Wie knallig rot die Bohnen leuchten!
Den hungrigen Wikingern
läuft das Wasser im Mund zusammen.

Ob man die Bohnen
nicht doch roh verzehren kann?
„Roh sind sie bestimmt
besonders knackig!“,
vermutet Faxe
und leckt sich die Lippen.
Doch Wickie glaubt:
„Der Koch hat seine Warnung
sicher nicht umsonst gegeben!
Wir sollten besser auf ihn hören!“

Ein besonderer Leckerbissen

Bald bricht der Abend herein.
Die Mannschaft sitzt gemütlich
auf dem Deck zusammen.
Alle lauschen Ulmes Liedern.
Dabei lugen die Männer
immer wieder zu den Bohnenkisten ...
Die Bohnen würden sich doch prima
als Imbiss eignen!

Schließlich steht Faxe auf.
Er holt sich eine Handvoll Bohnen
und pfeift auf die Warnung.
„Wir haben echte Wikinger-Mägen!
Die vertragen schon was“,
behauptet er.
Faxe kostet eine rohe Bohne.
Schon geht ein breites Grinsen
über sein Gesicht.
„Mmmjam!
Lecker, lecker, lecker-schmecker!“,
ruft er begeistert aus.

Nun wollen natürlich
auch die anderen Wikinger probieren.
Ihnen schmecken die rohen Bohnen
genauso gut!

Nur Wickie traut sich nicht.
„Nun sei doch kein Weichei!“,
lacht sein Vater Halvar polternd.
Er wedelt schwungvoll
mit einer besonders üppigen Bohne
vor Wickies Nase herum.
Aber Wickie muss immer wieder
an die Warnung denken …

Eine böse Überraschung

Eine gute Stunde später:
Es ist schon fast dunkel.
Der Mond steht am Himmel,
und die Sterne fangen an zu blinken.
Die Wikinger werden schläfrig.

Plötzlich entfährt Faxe
ein lautes „Hicks!“.
Dabei blubbern kleine Bläschen
aus seinem Mund.
Halvar guckt Faxe verblüfft an:
„Was war denn das?“

Faxe will etwas sagen,
doch da passiert es schon wieder:
„Hicks! Hicks!“
Snorre kichert:
„Hast wohl zu viel Wein ge … hicks!“
Nun hickst auch Snorre!
Und einen Augenblick später
ist Halvar an der Reihe!

Einer nach dem anderen
fängt nun an zu hicksen.
Auch Ulme erwischt es,
als er gerade singt:
„Der Mond ist aufge … hicks! Hicks!“
Verdattert setzt er seine Harfe ab.
Wo kommt das nur auf einmal her?

Das Hicksen wird immer schlimmer
und will nicht mehr aufhören!
Nur einer bleibt verschont:
Wickie!

Wickie grübelt und kommt
auf die einzig logische Erklärung:
„Es muss an den rohen Bohnen liegen!
Ich habe doch als einziger
keine Bohnen gegessen!"
Die Männer seufzen ...
Hätten sie bloß auf Wickie gehört!

Durch das ständige Hicksen
kann niemand einschlafen.
Wickie muss sich etwas überlegen!
Doch vorher braucht er dringend
eine Handvoll Schlaf.
Um das Hicksen nicht mehr zu hören,
stopft er sich zwei große Bohnen
in die Ohren.
Dann rollt er sich
hinter einer Kiste zusammen.
Hier hat er endlich seine Ruhe.

Wickies Plan

Als schon der Morgen naht,
tapst Faxe hicksend aufs Deck.
Er übersieht Wickie hinter der Kiste
und tritt ihm mit der Fußspitze
auf die Hand.
„Auuuutsch!“, ruft Wickie laut.

Faxe bekommt einen Schreck.
„Huch! Wickie!
Ich habe dich gar nicht gesehen!
Was machst du denn hier?
Dir ist doch nichts passiert?!
Zeig mal deine Hand!“
Aber Wickies Hand tut kaum weh.

Wickie bemerkt verwundert:
„He, Faxe,
du hickst ja gar nicht mehr!“
Faxe guckt verdattert.
Um zu überprüfen,
ob das Hicksen aufgehört hat,
sagt er einen Kinderreim auf:
„Einst trug dank seiner großen Keule
ein Wikinger den Namen Beule ...“
„Es ist weg!“, jubelt Wickie.
Aber wie konnte das geschehen?

„Ha! Ich hab's!", ruft Wickie.
„Bestimmt bist du geheilt,
weil du dich so erschrocken hast!"
Wickie überlegt weiter:
„Dann muss ich die anderen
auch alle erschrecken!
Nur wie?"
Er rubbelt an seiner Nase –
und schon kommt Wickie
auf eine geniale Idee!

Er klettert zum Ausguck hinauf,
wo Gorm müde vor sich hin hickst.
„Du, mein Vater will dich sehen!“,
flunkert Wickie und bietet Gorm an:
„Ich kann deinen Posten übernehmen.“
Als Gorm den Ausguck verlassen hat,
formt Wickie seine Hände
zu einem Trichter und ruft:

„He! Hört mal alle her!
Ich sehe drei Schiffe am Horizont!“

Die Männer schauen überrascht
zu Wickie hoch.
Wickie blinzelt durchs Fernrohr
und verkündet dramatisch:
„Oh! Es ist der schreckliche Sven!“
„Was, Sven?!“, ruft Halvar entsetzt.
„Der schlimmste aller Piraten?!“

Und Gorm japst:
„Da bin ich gar nicht entzüüüückt!"
Auch die anderen
erschrecken gewaltig!
Und so geht Wickies Plan auf:
Der Schreck heilt die Männer!
Augenblicklich verstummt
alles Gehickse.

Die Sache mit dem schrecklichen Sven
ist natürlich erfunden.
In Wahrheit ist weit und breit
kein anderes Schiff in Sicht.
Als die Männer dies erfahren,
sind sie zuerst sauer auf Wickie.

Bis Wickie ihnen erklärt:
„Ich habe euch doch nur erschreckt,
weil es gegen das Hicksen hilft!"
Langsam begreifen die Männer
und sind Wickie sehr dankbar.

Weil sie alle kaum geschlafen haben,
legen sich die Wikinger
noch ein paar Stunden aufs Ohr.
Und dann fahren sie,
ohne ein einziges „Hicks!“,
zufrieden nach Hause.

Starke Fragen für helle Köpfe

1 **Wie heißt das Leibgericht der freundlichen Inselbewohner?**

- ☐ Bohnen-Schmarrn
- ☐ Bohnen-Schmaus
- ☐ Bohnen-Schmatz

2 **Was tun die Wikinger, um die Bohnen zu bekommen?**

- ☐ Sie geben ein paar Beutestücke ab.
- ☐ Sie führen einen Wikingertanz vor.
- ☐ Sie reisen einen Tag früher ab.

3 **Warum bekommen die Männer Appetit auf die rohen Bohnen?**

☐ weil sie so würzig duften

☐ weil sie so saftig glänzen

☐ weil sie so knallig rot leuchten

4 **Was ruft Faxe, als er eine rohe Bohne probiert?**

☐ „Lecker, lecker, lecker-klecker!“

☐ „Lecker, lecker, Zuckerbäcker!“

☐ „Lecker, lecker, lecker-schmecker!“

5 **Was macht Wickie, damit er einschlafen kann?**

☐ Er kocht sich einen Kräutertee.

☐ Er singt sich ein Schlaflied.

☐ Er stopft sich Bohnen in die Ohren.

6 **Wie testet Faxe, ob das Hicksen aufgehört hat?**

- ☐ Er hält eine Minute die Luft an.
- ☐ Er sagt einen Kinderreim auf.
- ☐ Er geht zum Arzt für Hicks-Kunde.

7 **Wie könnte Faxe es genauso gut überprüfen?**

- ☐ indem er auf einem Bein hüpft
- ☐ indem Wickie ihm in den Hals guckt
- ☐ indem er eine Geschichte erzählt

8 **Warum weiht Wickie Gorm nicht in seinen Plan ein?**

- ☐ weil Gorm so eine Plaudertasche ist
- ☐ weil sich Gorm sonst später nicht erschreckt
- ☐ weil Wickie Gorm nicht mag

9 **Welchen Piraten sieht Wickie angeblich vom Ausguck?**

- ☐ den schrecklichen Sören
- ☐ den schrecklichen Sven
- ☐ den schrecklichen Svante

10 **Welches Sprichwort passt am besten zur Geschichte?**

- ☐ Reisende soll man nicht aufhalten!
- ☐ Nichts wird so heiß gegessen, wie es gekocht wird!
- ☐ Wer nicht hören will, muss fühlen!

Wickie wird entführt

von Matthias von Bornstädt

Ein schrecklicher Plan

Der schreckliche Sven,
der schrecklichste Pirat aller Zeiten,
hat einen ganz schrecklichen Groll!
Wieder einmal wollte er die Beute
von Halvar von Flake rauben.
Doch wie schon so oft
ist ihm Halvar entwischt!

„Immer dieser Halvar!“,
schnaubt Sven wütend und wirbelt
mit seinem eisernen Morgenstern.
„Wieso beiß ich mir an dem Kerl
jedes Mal die Zähne aus?“
Einer von Svens Männern
wirft stotternd ein Gerücht ein:
„I-ich hab mal ge-gehört,
dass Halvar seine Erfolge
se-seinem Sohn ve-verdankt!
Der soll einen he-hellen Kopf haben!“

„Hilfe von einem Halbstarken?!
Ach, Humbug!“, knurrt Sven
und lässt den Morgenstern
bedrohlich durch die Luft sausen.
Doch dann hält er inne
und kratzt sich grübelnd
seinen kohlschwarzen Piratenbart.
„Wenn aber doch etwas dran ist?“

„Dann stünde Halvar
ohne seinen kleinen Sohn
ganz schön blöde da!“,
kichert ein anderer Pirat.
„Blöd wie Schiffszwieback!“,
grinst Sven breit und poltert:
„Nimm dich in Acht,
Halvars Sohn!
Bald ist es dunkel im Köpfchen!
Harr, harr, harr ...!“

Wo bin ich?

Im heimischen Flake
ahnt Wickie von alldem nichts.
Nach einem langen Tag legt er sich
müde und zufrieden ins Bett.
Bald ist nur noch leises Schnarchen
über dem Dorf zu hören ...
Doch da –
ein Knistern ...!

Zwei finstere Schatten
schleichen auf Halvars Hütte zu.
Sie schlüpfen hinein
und kommen mit einer Trage heraus,
auf der ein kleines Bündel liegt.
Und ehe noch das Käuzchen ruft,
sind sie wieder verschwunden.

Als Wickie aufwacht,
wundert er sich:
„Wieso schaukelt der Boden?
Warum riecht es nach Meer?
Und was ist mit meinem Bein?“
Er schlägt die Augen auf
und zuckt heftig zusammen.
Vor ihm steht,
mit gemein gebleckten Zähnen,
der schreckliche Sven!
Wickie will hochfahren –
doch eine Fessel hält ihn zurück!

„Na, wohin denn so eilig?“,
feixt Sven hämisch.
„Gefällt es dir hier etwa nicht?“
„Wo ... wo bin ich?!“,
fragt Wickie ganz durcheinander.

„Auf meinem Schiff natürlich!
Für einen gefürchteten Schlaukopf
bist du nicht besonders helle!“,
lacht Sven und seine Männer
stimmen grölend ein.
„Habt ihr mich entführt?“,
schießt es aus Wickie heraus.
„Aber wieso denn? Und ...“
„Spar dir deine Puste
fürs Kartoffelschälen!“,
würgt Sven Wickie ab
und knallt ihm einen Eimer hin.

Volle Fahrt zurück!

Wickie bleibt allein zurück
und blickt sich um.
Er wurde entführt!
Angestrengt denkt er nach.
Wie kann er sich nur befreien?
Panik steigt in Wickie hoch.

Immer wieder streckt Sven
seinen Kopf zur Tür herein.
„Guck nicht wie eine Flunder!“,
macht er sich über Wickie lustig.
Oder ein anderes Mal:
„Hast deinen Schlaukopf
wohl zu Hause vergessen?
Harr, harr, harr!
Ich lach mir einen Wolf!“

Bei dem Wort „Wolf“
fällt Wickie plötzlich etwas ein!
Er denkt kurz nach
und rubbelt sich an der Nase.
„Wolf ...
Ja, so müsste es funktionieren!“

Als Sven wieder hämisch grinsend
nach seinem Gefangenen schaut,
behauptet Wickie:
„Eigentlich bin ich recht froh,
hier gelandet zu sein!“
Der schreckliche Sven stutzt.
Wickie bekräftigt:
„Schließlich bist du doch
der größte Pirat aller Zeiten,
nicht wahr?“

Da nickt Sven
mit vor Stolz geschwellter Brust.
„Also wäre es ja wirklich eine Ehre,
in deiner Mannschaft zu dienen!“,
legt Wickie keck nach.
„Vielleicht kannst du
meinen hellen Kopf gebrauchen?“
„Na, das wollen wir mal sehen!“,
meint Sven und fordert:
„Dann sag mir gleich mal,
wie ich zügig fette Beute mache!
Na, wird's bald?“

Doch Wickie wiegelt ab:
„Meine guten Ideen habe ich nur,
wenn ich meinen Denkhelm trage.“
Sven guckt ihn verblüfft an.
„Ich habe den Helm
in einer Höhle bei Flake versteckt!“,
fährt Wickie fort.
„Dort müsste ich ihn holen ...“

„Ha! Du willst mich aufs Kreuz legen!“,
wittert der Pirat eine Falle.
Wickie setzt eine Unschuldsmiene auf.
„Wenn du mir nicht traust,
dann schick doch jemanden mit.
Deine Männer könnten mir sogar
den Mund verbinden!“
Sven überlegt einen Augenblick.
Das klingt in der Tat ungefährlich.
Also gibt er das Kommando:
„Volle Fahrt zurück nach Flake!“

Eine tierische Überraschung

Im Schutz der Dunkelheit
rudern zwei von Svens Männern
mit Wickie nach Flake.
Doch Wickie führt sie nicht ins Dorf,
sondern ein Stück in den Wald hinein.
Er bleibt vor einer Felswand stehen,
in der ein düsteres Loch klafft.
„Da drin liegt dieser Helm?“,
vergewissert sich einer der Männer.
Wickie nickt bestimmt.
Also entzünden die Männer Fackeln
und wagen sich in die dunkle Höhle.

Da – ganz hinten in der Höhle
blitzt plötzlich etwas auf!
Ist das ein Helm?
Nein, was im Fackelschein aufglüht,
sind schwefelgelbe Augenschlitze.

„Groooaaaar!“,
ertönt ein solch grimmiges Brüllen,
dass die Höhlenwände zittern!
Mit einem Satz
schießt aus den Schatten
ein wütend brüllender Wolf hervor!

Vor Schreck lassen die Männer
ihre Fackeln fallen
und ergreifen die Flucht.
Der Wolf setzt hinterher!
Wickie geht geschwind
hinter einem Tropfstein in Deckung.
Natürlich wusste er,
dass der Wolf in dieser Höhle haust.
Schließlich hat er sich mit ihm
schon so manche Jagd geliefert!
Genau darum hat er
Svens Männer ja hierher gelockt.

Draußen klettern die zwei hastig,
unter aufgeregten Hilferufen,
einen hohen Baum hinauf.
Bedrohlich knurrend
schleicht der Wolf um den Stamm.
Das Jammern und Geschrei ist so laut,
dass es bis ins Dorf zu hören ist.

Nur Augenblicke später
taucht Wickies Vater auf.
Sofort schlägt er den Wolf
mit seiner Keule in die Flucht.
Nun wagt sich Wickie aus der Höhle.
Wie ist Halvar froh,
seinen Sohn wiederzusehen!
Er hatte sich solche Sorgen gemacht!
Halvar bindet Wickie los.
Überglücklich fallen sich
die beiden in die Arme.

Und Svens Männer?
Die müssen zur Strafe
drei Tage lang Kartoffeln schälen!
Danach werden sie fortgejagt
und nehmen eine deutliche Botschaft
an Sven und seine Piraten mit:
„Mit den Wikingern aus Flake
legt ihr euch besser
nicht so schnell wieder an!“

Starke Fragen für helle Köpfe

1 Wie heißt der Pirat, der Wickie entführt?

- ☐ der schrecklose Sven
- ☐ der schreckliche Sven
- ☐ der schreckhafte Sven

2 Mit welcher Waffe wirbelt Sven wütend herum?

- ☐ mit einem Morgenstern
- ☐ mit einem Monsterstern
- ☐ mit einem Motorstern

3 **Warum will Sven Wickie entführen?**

- ☐ weil Wickie ein Halbstarker ist
- ☐ weil Halvar ohne ihn blöd dasteht
- ☐ weil es bei Sven dunkel im Kopf ist

4 **Wie stellen Svens Männer Wickies Entführung an?**

- ☐ Sie tragen ihn im Schlaf davon.
- ☐ Sie locken ihn auf ihr Schiff.
- ☐ Sie stellen ihm im Wald eine Falle.

5 **Woran merkt Wickie als Erstes, dass er nicht mehr zu Hause ist?**

- ☐ Er spürt seine Fesseln.
- ☐ Sven steht grinsend vor ihm.
- ☐ Der Boden unter ihm schaukelt.

6 **Was ist für Wickie am schlimmsten?**

- ☐ dass er Kartoffeln schälen muss
- ☐ dass er sich nicht befreien kann
- ☐ dass Sven Witze über ihn reißt

7 **Wieso sagt Wickie, dass Sven der größte Pirat aller Zeiten ist?**

- ☐ weil Sven so riesengroß ist
- ☐ weil Wickie Sven bewundert
- ☐ weil Wickie Sven schmeicheln will

8 **Was könnte Wickie genauso gut statt eines „Denkhelms“ erfinden?**

- ☐ einen Schnelllauf-Stiefel
- ☐ eine Blitzmerker-Kappe
- ☐ einen Schlaf-Gut-Schal

9 **Warum schlägt Wickie vor, sich den Mund verbinden zu lassen?**

- ☐ damit Wickie sich nicht mit Svens Männern unterhalten kann
- ☐ damit Wickie nicht um Hilfe rufen kann
- ☐ damit Wickie kein Lied singen kann

10 **Als Strafe müssen Svens Männer drei Tage lang Kartoffeln schälen. Was könnte Wickie dazu sagen?**

- ☐ „Doppelt hält besser!“
- ☐ „Wer A sagt, muss auch B sagen!“
- ☐ „Wie du mir, so ich dir!“

Ylvi sticht in See

von Matthias von Bornstädt

Ylvi packt die Neugier

Die Leute von Flake sitzen gemütlich
bei einem Lagerfeuer zusammen.
Halvar erzählt Spannendes
von seinen Beutezügen.
„Neulich sind wir
bis zum Rand der Welt gesegelt!“,
verkündet er großspurig.
Seine Frau zwinkert und meint:
„Na, spinnst du da nicht gerade
ein wenig Seemannsgarn?“

Ylvi jedoch bekommt leuchtende Augen.
„Bis an den Rand der Welt …“,
wiederholt sie fasziniert.
„Was habt ihr dort gesehen?“
„Ähm, ähm …“, stockt Halvar,
ehe er sich fängt:
„Nun, das bleibt unser Geheimnis.“

Ylvi macht ein enttäuschtes Gesicht.
Sie seufzt:
„Ach, wie gern wäre ich auch einmal
bei einem Beutezug dabei!“
Die Männer sehen Ylvi verblüfft an.
Einen Moment lang herrscht Stille.
Dann prusten die Wikinger
wie auf ein Kommando los!

„Ein Mädchen? Auf unserem Schiff?
Hohohoho!
Was für ein prächtiger Witz!“,
lacht Halvar laut
und klopft sich auf die Schenkel.
Ylvi verschränkt die Arme.
Eingeschnappt erwidert sie:
„Hallo?! Das war kein Witz!
Ich könnte sehr wohl
mit euch auf Beutezug gehen!“

„Ha, ich sehe es schon vor mir“,
grinst Tjure und zieht eine Fratze.
„Ylvi, der Schrecken der Meere!“
Wieder brechen die Männer
in schallendes Gelächter aus.
Doch Ylvi legt herausfordernd nach.
„Wenn ich euch anführen würde,
hättet ihr schon nach einem Tag
gewaltig Beute an Bord!“

Nun gibt es für die starken Männer
gar kein Halten mehr.
„Unsere kleine Ylvi als Anführerin!
Zum Kugeln!“, poltert Faxe ausgelassen.
Wickie aber springt Ylvi bei:
„Also, ich kann mir gut vorstellen,
dass Ylvi eine tolle Chefin abgibt.“
„Das meinst du doch nicht ernst?“,
fragt Tjure ungläubig.

Derweil flüstert Ylva
ihrem Mann etwas ins Ohr.
Erst verzieht Halvar das Gesicht.
Doch dann nickt er und sagt laut:
„Männer! Hört mal zu!
Einen Tag lang könnten wir uns
den Spaß ruhig einmal machen.“
Ylvi strahlt und fragt ungläubig:
„Ich darf also mitkommen?“
„Ja. Und fette Beute machen“,
bestätigt Halvar mit einem Glucksen.
„Mal sehen, wie du das anstellst …“

Neue Sitten an Bord

Am nächsten Morgen
hissen die Wikinger die Segel.
Ylvi steht mit stolzer Miene
vorne am Drachenbug.
In ihrer Hand hält sie
eine hübsche große Muschel,
die sie am Strand gefunden hat.
Sie soll ihr Glück bringen.

„Ts, ts, so eine kindische Idee“,
feixen Snorre und Tjure.
Doch Ylvi lässt sich nicht ärgern.
Im Gegenteil:
Sie stellt das Leben an Bord
tüchtig auf den Kopf!
Zornig beobachtet sie
die rauen Sitten der Männer.
Denn die gefallen ihr gar nicht!

Faxe legt einfach die Käsefüße hoch.
Snorre und Tjure raufen zum Spaß.
Und was macht Ulme?
Der bohrt verträumt in seiner Nase!
Ylvi lässt ihren Blick
über die Männer schweifen.
Sie schüttelt den Kopf.
„Finger aus der Nase, Ulme!
Auseinander, ihr Kampfhähne!
Und Füße runter, Faxe!“,
ordnet sie energisch an.
„Wie sieht denn das aus!“

Dann schnüffelt Ylvi und meint:
„Puh, ihr riecht wie eine Elchherde!
Wann habt ihr das letzte Mal
eure Kleider gewaschen?“
„Wir riechen eben wie Wikinger“,
gibt Tjure trotzig zurück.
„Uns gefällt das so.“

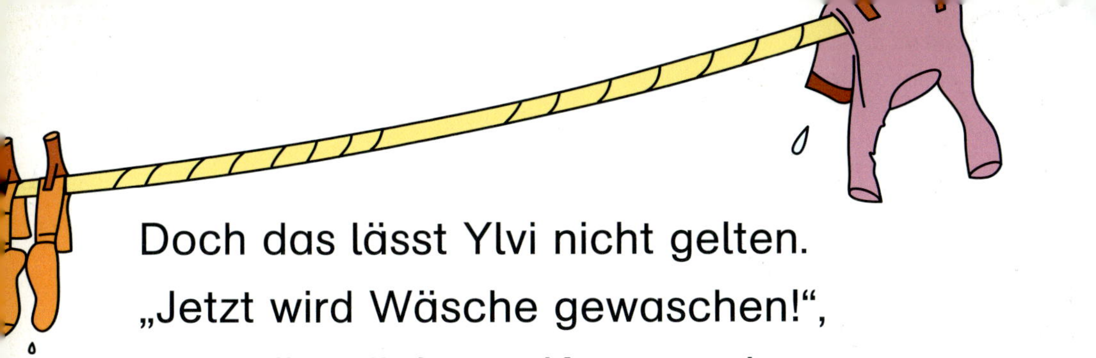

Doch das lässt Ylvi nicht gelten.
„Jetzt wird Wäsche gewaschen!“,
lautet ihr nächstes Kommando.
Die Wikinger verdrehen die Augen
– aber es nützt nichts.
Während die Wäsche trocknet,
schrubben die Männer das Deck.
„Bis es richtig blitzt, Männer!“,
befiehlt Ylvi.
Die Männer ächzen und stöhnen.
Ylvi bringt sie ganz schön
ins Schwitzen!

Nur Wickie findet lobende Worte:
„Du machst das prima, Ylvi!“
Als Dank wird er prompt
zum zweiten Kapitän ernannt.
Ylvi bittet Ulme nach der Arbeit,
ein Lied auf der Harfe zu spielen.
Dazu schüttelt sie ihre Muschel,
die wie ein Schellenkranz klappert.

„So, und nun lasst uns tanzen“,
fordert sie die Wikinger auf.
Doch plötzlich erspäht Halvar
am Horizont etwas Aufregendes:
„Schaut mal – ein Handelsschiff!
Hoho! Das riecht nach fetter Beute!
Also, Ylvi, nun zeig uns mal,
was in dir steckt!“

Halvar wittert Beute

Doch Ylvi zögert.
Jetzt, da die Beute
tatsächlich zum Greifen nah ist,
gerät sie ein wenig ins Grübeln:
„Anderen ihren Besitz wegnehmen?
Ob man das wirklich darf?“
Auch Wickie ist dabei nicht wohl.

Halvar schüttelt lachend den Kopf.
„Was seid ihr bloß für Hasenfüße“,
sagt er und fordert seine Leute auf:
„Kommt, Männer!
Schnappen wir uns die Beute!“
Das lassen sich die Wikinger
nicht zweimal sagen.
Tatendurstig schwingen sie sich
in ein kleines Beiboot.
Und ehe Ylvi und Wickie
sie aufhalten können,
rudern sie auf das Handelsschiff zu.

Die Händler aber bemerken
nur das große Wikingerschiff.
Zuerst erschrecken sie heftig,
doch dann blickt der Kapitän
durch sein Fernrohr und stutzt:
„Oh, da steht ein kleines Mädchen
... und hinter ihm ein kleiner Junge!
Spielen die etwa Wikinger?
Wie drollig ...!“
Der Kapitän lacht
und reicht das Fernrohr herum.
Neugierig steuern die Händler näher.

„Nein, zurück, zurück!
Ihr fahrt direkt in die Falle!“,
ruft Ylvi und wedelt mit den Armen.
Aber der Wind verschluckt ihre Worte.
Die Händler sind so abgelenkt,
dass sie gar nicht mitbekommen,
wie Halvar und seine Männer
näher und näher rudern.

Wutsch! – saust der erste Enterhaken
sirrend über die Reling.
Mit wildem Gejohle
stürmen Halvars Männer das Schiff
und stopfen alles in ihre Säcke,
was nicht niet- und nagelfest ist.
Die Händler sind völlig überrumpelt.
Alles geschieht blitzschnell.
Die Wikinger übernehmen das Kommando
und steuern das Schiff der Händler
auf ihr eigenes zu,
um die Beute zu verladen.

Endlich kommt Ylvi in Hörweite.
Sie ruft empört:
„He, halt! Ich habe keinen Befehl
zum Ausrauben gegeben!“
Halvar blickt sie verständnislos an.
„Du verlangst doch nicht etwa,
dass wir die Beute zurücklassen?
Oder willst du uns am Ende
zum Gespött der Meere machen?!“
Ylvi schüttelt seufzend den Kopf.
Hastig wendet sie sich an Wickie:
„Was machen wir jetzt nur?“

Der verborgene Schatz

Wickie denkt fieberhaft nach.
Doch auch ihm will nichts einfallen.
„Wenn wir nur etwas gegen die Beute
eintauschen könnten …“,
überlegt Ylvi und spielt nervös
mit ihrer klappernden Muschel.
Plötzlich zieht Wickie
die Augenbrauen hoch und ruft:
„Ah! Ich hab’s!“

Dann sagt er:
„Ylvi, erlaubst du mir,
dass ich deine Muschel aufmache?“
Ylvi schaut Wickie fragend an.
Doch dann nickt sie
und überreicht ihm die Muschel.
Wickie öffnet sie ganz vorsichtig;
und was kommt da zum Vorschein ...?

„Oh! Eine Perle!“,
sieht Ylvi erstaunt und begreift:
„Darum hat es immer so geklappert!“
Die Händler drüben auf ihrem Schiff
machen auch ganz große Augen.
„Was für ein stolzes Exemplar!“,
haucht der Kapitän überwältigt.
„Diese Perle ist pures Gold wert!“
Nun sind die Händler gern bereit,
ihre ganze Ware
gegen die seltene Perle zu tauschen.
Sie legen sogar noch etwas dazu!

Auf der Heimfahrt feiern die Wikinger
ihre erfolgreiche Anführerin.
„Dank dir haben wir mehr Beute gemacht
als mit all unserer Muskelkraft“,
sagt Halvar zu Ylvi.
„Du bist ein richtiger Glücksbringer!“
Und alle rufen vergnügt:
„Hey, hey, Ylvi!“

Starke Fragen für helle Köpfe

1 Ylva hält Halvars Geschichten am Lagerfeuer

- [ ] für Seemannsgarn.
- [ ] für Seemannsfarn.
- [ ] für Seemannsschmarrn.

2 Wie nennt Tjure Ylvi aus Spaß?

- [ ] den „Graus auf hoher See“
- [ ] den „Schrecken der Meere“
- [ ] die „wilde Wucht des Ozeans“

3 **Wieso nimmt Halvar Ylvi doch mit?**

- ☐ Er hat einen Geistesblitz.
- ☐ Seine Frau Ylva überredet ihn.
- ☐ Die Männer stimmen alle dafür.

4 **Warum sorgt Ulme bei Ylvi für Missfallen?**

- ☐ weil er in seiner Nase bohrt
- ☐ weil er mit Tjure rauft
- ☐ weil er seine Käsefüße hochlegt

5 **Warum haben die Männer ein Problem mit Ylvis Befehlen?**

- ☐ weil sie Ylvi nicht leiden können
- ☐ weil sie die Befehle nicht verstehen
- ☐ weil sie ihre Gewohnheiten nicht aufgeben wollen

6 **Wieso wird Wickie zum zweiten Kapitän ernannt?**

- ☐ weil er das Deck besonders gründlich schrubbt
- ☐ weil er das Handelsschiff sichtet
- ☐ weil er gut findet, was Ylvi als Kapitän macht

7 **Wieso will Ylvi das Handelsschiff nicht überfallen?**

- ☐ Sie will nicht stehlen.
- ☐ Das Vorhaben ist zu schwierig.
- ☐ Ylvi möchte lieber spielen.

8 **Was macht der Kapitän der Händler, als er Wickie und Ylvi sieht?**

- ☐ Er wird wütend.
- ☐ Er lacht und macht sich lustig.
- ☐ Er macht sich große Sorgen.

9 **Warum geht die Geschichte für die Händler gut aus?**

- ☐ weil Ylvi ihnen die Ware zurückgibt
- ☐ weil sie auf die Ware verzichten
- ☐ weil sie die Ware gegen die Perle tauschen

10 **Die Muschel hat Ylvi Glück gebracht. Ylvi kann sie weiterhin benutzen**

- ☐ als Talisman.
- ☐ als Horoskop.
- ☐ als Suppenteller.

Lösungen

Das große Hicksen

1 Bohnen-Schmaus

2 Sie geben ein paar Beutestücke ab.

3 weil sie so knallig rot leuchten

4 „Lecker, lecker, lecker-schmecker!“

5 Er stopft sich Bohnen in die Ohren.

6 Er sagt einen Kinderreim auf.

7 indem er eine Geschichte erzählt

8 weil sich Gorm
sonst später nicht erschreckt

9 den schrecklichen Sven

10 Wer nicht hören will,
muss fühlen!

Wickie wird entführt

1. der schreckliche Sven
2. mit einem Morgenstern
3. weil Halvar ohne ihn blöd dasteht
4. Sie tragen ihn im Schlaf davon.
5. Der Boden unter ihm schaukelt.
6. dass er sich nicht befreien kann
7. weil Wickie Sven schmeicheln will
8. eine Blitzmerker-Kappe
9. damit Wickie nicht um Hilfe rufen kann
10. „Wie du mir, so ich dir!“

Lösungen

Ylvi sticht in See

1. für Seemannsgarn.
2. den „Schrecken der Meere“
3. Seine Frau Ylva überredet ihn.
4. weil er in seiner Nase bohrt
5. weil sie ihre Gewohnheiten nicht aufgeben wollen
6. weil er gut findet, was Ylvi als Kapitän macht
7. Sie will nicht stehlen.
8. Er lacht und macht sich lustig.
9. weil sie die Ware gegen die Perle tauschen
10. als Talisman.

Gute Noten mit Wickie, dem cleveren Wikinger

Wickie und die starken Männer
Mein Übungsbuch mit Wickie
Deutsch • Rechnen • Konzentration
1. Klasse
978-3-12-929357-7
14,99 €

Wickie und die starken Männer
Mein Übungsbuch mit Wickie
Deutsch • Rechnen • Konzentration
2. Klasse
978-3-12-929367-6
14,99 €

Lese-Kritzel-Buch mit Wickie

Fördert mit Spaß Lesen, Schreiben, Rechnen und logisches Denken

Wickie und die starken Männer
Mein Lese-Kritzel-Buch mit Wickie
978-3-12-949077-8
9,99 €